DATUM	AUSGABE FÜR	BETRAG

DATUM	AUSGABE FÜR	BETRAG

DATUM	AUSGABE FÜR	BETRAG

DATUM	AUSGABE FÜR	BETRAG

DATUM	AUSGABE FÜR	BETRAG

DATUM	AUSGABE FÜR	BETRAG

DATUM	AUSGABE FÜR	BETRAG

DATUM	AUSGABE FÜR	BETRAG

DATUM	AUSGABE FÜR	BETRAG

DATUM	AUSGABE FÜR	BETRAG

DATUM	AUSGABE FÜR	BETRAG

DATUM	AUSGABE FÜR	BETRAG

DATUM	AUSGABE FÜR	BETRAG

DATUM	AUSGABE FÜR	BETRAG

DATUM	AUSGABE FÜR	BETRAG

DATUM	AUSGABE FÜR	BETRAG

DATUM	AUSGABE FÜR	BETRAG

DATUM	AUSGABE FÜR	BETRAG

DATUM	AUSGABE FÜR	BETRAG

DATUM	AUSGABE FÜR	BETRAG

DATUM	AUSGABE FÜR	BETRAG

DATUM	AUSGABE FÜR	BETRAG

DATUM	AUSGABE FÜR	BETRAG

DATUM	AUSGABE FÜR	BETRAG

DATUM	AUSGABE FÜR	BETRAG

DATUM	AUSGABE FÜR	BETRAG

DATUM	AUSGABE FÜR	BETRAG

DATUM	AUSGABE FÜR	BETRAG

DATUM	AUSGABE FÜR	BETRAG

DATUM	AUSGABE FÜR	BETRAG

DATUM	AUSGABE FÜR	BETRAG

DATUM	AUSGABE FÜR	BETRAG

DATUM	AUSGABE FÜR	BETRAG

DATUM	AUSGABE FÜR	BETRAG

DATUM	AUSGABE FÜR	BETRAG

DATUM	AUSGABE FÜR	BETRAG

DATUM	AUSGABE FÜR	BETRAG

DATUM	AUSGABE FÜR	BETRAG

DATUM	AUSGABE FÜR	BETRAG

DATUM	AUSGABE FÜR	BETRAG

DATUM	AUSGABE FÜR	BETRAG

DATUM	AUSGABE FÜR	BETRAG

DATUM	AUSGABE FÜR	BETRAG

DATUM	AUSGABE FÜR	BETRAG

DATUM	AUSGABE FÜR	BETRAG

DATUM	AUSGABE FÜR	BETRAG

DATUM	AUSGABE FÜR	BETRAG

DATUM	AUSGABE FÜR	BETRAG

DATUM	AUSGABE FÜR	BETRAG

DATUM	AUSGABE FÜR	BETRAG

DATUM	AUSGABE FÜR	BETRAG

DATUM	AUSGABE FÜR	BETRAG

DATUM	AUSGABE FÜR	BETRAG

DATUM	AUSGABE FÜR	BETRAG

DATUM	AUSGABE FÜR	BETRAG

DATUM	AUSGABE FÜR	BETRAG

DATUM	AUSGABE FÜR	BETRAG

DATUM	AUSGABE FÜR	BETRAG

DATUM	AUSGABE FÜR	BETRAG

DATUM	AUSGABE FÜR	BETRAG

DATUM	AUSGABE FÜR	BETRAG

DATUM	AUSGABE FÜR	BETRAG

DATUM	AUSGABE FÜR	BETRAG

DATUM	AUSGABE FÜR	BETRAG

DATUM	AUSGABE FÜR	BETRAG

DATUM	AUSGABE FÜR	BETRAG

DATUM	AUSGABE FÜR	BETRAG

DATUM	AUSGABE FÜR	BETRAG

DATUM	AUSGABE FÜR	BETRAG

DATUM	AUSGABE FÜR	BETRAG

DATUM	AUSGABE FÜR	BETRAG

DATUM	AUSGABE FÜR	BETRAG

DATUM	AUSGABE FÜR	BETRAG

DATUM	AUSGABE FÜR	BETRAG

DATUM	AUSGABE FÜR	BETRAG

DATUM	AUSGABE FÜR	BETRAG

DATUM	AUSGABE FÜR	BETRAG

DATUM	AUSGABE FÜR	BETRAG

DATUM	AUSGABE FÜR	BETRAG

DATUM	AUSGABE FÜR	BETRAG

DATUM	AUSGABE FÜR	BETRAG

DATUM	AUSGABE FÜR	BETRAG

DATUM	AUSGABE FÜR	BETRAG

DATUM	AUSGABE FÜR	BETRAG

DATUM	AUSGABE FÜR	BETRAG

DATUM	AUSGABE FÜR	BETRAG

DATUM	AUSGABE FÜR	BETRAG

DATUM	AUSGABE FÜR	BETRAG

DATUM	AUSGABE FÜR	BETRAG

DATUM	AUSGABE FÜR	BETRAG

DATUM	AUSGABE FÜR	BETRAG

DATUM	AUSGABE FÜR	BETRAG

DATUM	AUSGABE FÜR	BETRAG

DATUM	AUSGABE FÜR	BETRAG

DATUM	AUSGABE FÜR	BETRAG

DATUM	AUSGABE FÜR	BETRAG

DATUM	AUSGABE FÜR	BETRAG

DATUM	AUSGABE FÜR	BETRAG

DATUM	AUSGABE FÜR	BETRAG

DATUM	AUSGABE FÜR	BETRAG

DATUM	AUSGABE FÜR	BETRAG

DATUM	AUSGABE FÜR	BETRAG

DATUM	AUSGABE FÜR	BETRAG

DATUM	AUSGABE FÜR	BETRAG

DATUM	AUSGABE FÜR	BETRAG

DATUM	AUSGABE FÜR	BETRAG

DATUM	AUSGABE FÜR	BETRAG

DATUM	AUSGABE FÜR	BETRAG

DATUM	AUSGABE FÜR	BETRAG

DATUM	AUSGABE FÜR	BETRAG

DATUM	AUSGABE FÜR	BETRAG

DATUM	AUSGABE FÜR	BETRAG

DATUM	AUSGABE FÜR	BETRAG

DATUM	AUSGABE FÜR	BETRAG

DATUM	AUSGABE FÜR	BETRAG

DATUM	AUSGABE FÜR	BETRAG

DATUM	AUSGABE FÜR	BETRAG

DATUM	AUSGABE FÜR	BETRAG

DATUM	AUSGABE FÜR	BETRAG

DATUM	AUSGABE FÜR	BETRAG

DATUM	AUSGABE FÜR	BETRAG

DATUM	AUSGABE FÜR	BETRAG

DATUM	AUSGABE FÜR	BETRAG

DATUM	AUSGABE FÜR	BETRAG

www.ingramcontent.com/pod-product-compliance
Lightning Source LLC
Chambersburg PA
CBHW070652220526
45466CB00001B/401